T0039442

Best of Chopin

30 Famous Pieces for Piano
30 bekannte Stücke für Klavier
30 pièces célèbres pour piano

(mittelschwer / intermediate / difficulté moyenne)

Edited by / Herausgegeben von / Edité par
Hans-Günter Heumann

ED 23505
ISMN 979-0-001-21444-5
ISBN 978-3-7957-2413-9

Cover:
Büste Chopin
Pianelli Music-Store

Mainz · London · Madrid · Paris · New York · Tokyo · Beijing
© 2021 Schott Music GmbH & Co. KG, Mainz · Printed in Germany

Inhalt / Contents / Sommaire

Original-Klavierstücke / Original Piano Pieces / Pièces de Piano originales

Bearbeitungen / Arrangements

Polonaise

g-Moll / G minor / Sol mineur
BI 1*)

Frédéric Chopin
1810–1849

*) Chopins erste Komposition. Er schrieb sie im Alter von 7 Jahren.
Chopin's earliest work, composed at the age of 7 years.

Polonaise D. C. al Fine

Polonaise
B-Dur / B♭ major / Si bémol majeur
BI 3

Frédéric Chopin

Fine

Polonaise D. C. al Fine

Polonaise

As-Dur / A♭ major / La bémol majeur
BI 5

Frédéric Chopin

Fine

Trio

Polonaise D.C. al Fine

Prélude
e-Moll / E minor / Mi mineur
op. 28/4

Frédéric Chopin

Prélude

h-Moll / B minor / Si mineur
op. 28/6

Frédéric Chopin

Regentropfen-Prélude

Raindrop Prelude / La goutte d'eau

Des-Dur / D♭ major / Ré bémol majeur

op. 28/15

Frédéric Chopin

16

Prélude
A-Dur / A major / La majeur
op. 28/7

Frédéric Chopin

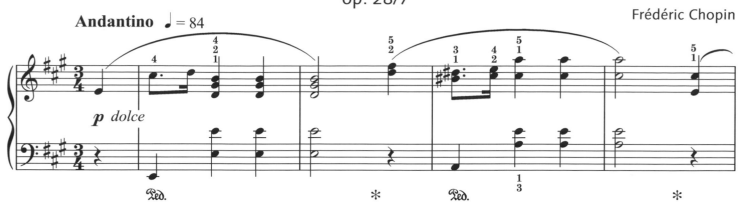

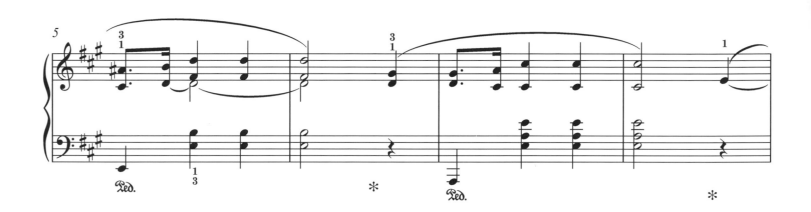

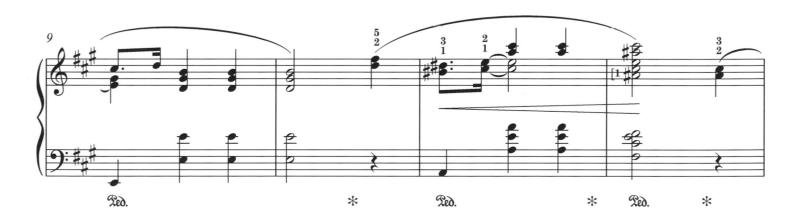

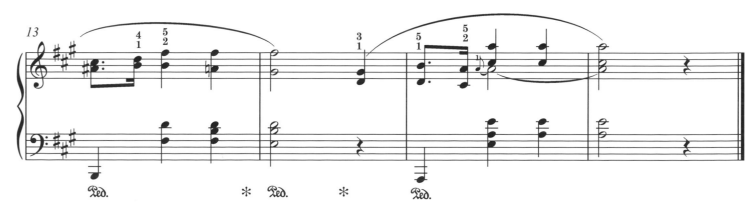

Walzer
Waltz / Valse
a-Moll / A minor / La mineur
op. 34/2

Frédéric Chopin

Walzer
Waltz / Valse
a-Moll / A minor / La mineur
BI 150

Frédéric Chopin

Minutenwalzer
Minute Waltz / Valse du petit chien
Des-Dur / D♭ major / Ré bémol majeur
op. 64/1

Frédéric Chopin

Walzer
Waltz / Valse
h-Moll / B minor / Si mineur
op. posth. 69/2

Frédéric Chopin

Mazurka
fis-Moll / F♯ minor / Fa dièse mineur
op. 6/1

Frédéric Chopin

36

Mazurka

B-Dur / Bb major / Si bémol majeur
op. 7/1

Frédéric Chopin

Mazurka
a-Moll / A minor / La mineur
op. 7/2

Frédéric Chopin

D. C. al Fine

Mazurka

F-Dur / F major / Fa majeur

op. 68/3

Frédéric Chopin

Nocturne
b-Moll / B♭ minor / Si bémol mineur
op. 9/1

Frédéric Chopin

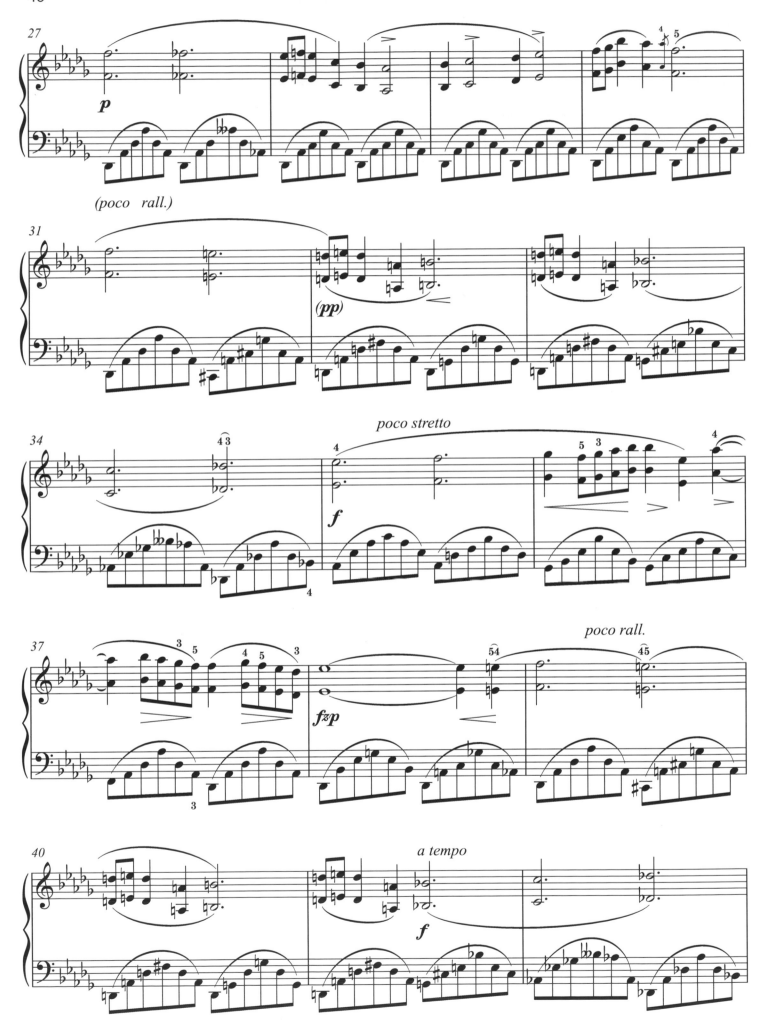

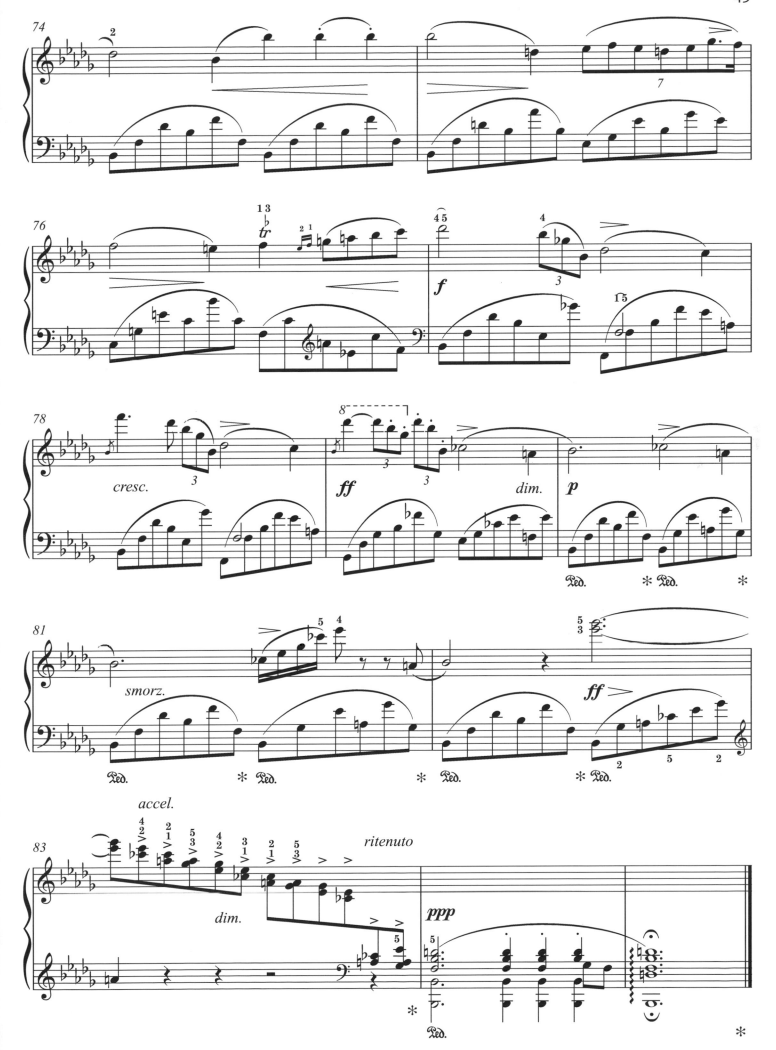

Nocturne

Es-Dur / E♭ major / Mi bémol majeur
op. 9/2

Frédéric Chopin

Nocturne

cis-Moll / C# minor / Ut dièse mineur

BI 49

Frédéric Chopin

Trauermarsch
Funeral March / Marche funèbre

Frédéric Chopin

aus: Sonate b-Moll / from: Sonata B♭ mineur / de: Sonate Si bémol mineur, op. 35

Etüde / Etude "Tristesse"
E-Dur / E major / Mi majeur
op. 10/3

Frédéric Chopin

Etüde / Etude
f-Moll / F minor / Fa mineur
op. 25/2

Frédéric Chopin

Aus wendetechnischen Gründen bleibt diese Seite frei.
This page is left blank to save an unnecessary page turn.
On laisse une page blanche pour faciliter la tourne.

Fantaisie-Impromptu

cis-Moll / C# minor / Ut dièse mineur

op. posth. 66

Frédéric Chopin

Klavierkonzert Nr. 1 e-Moll
Concerto for Piano and Orchestra No. 1 E minor
Concerto pour Piano N° 1 Mi mineur
op. 11

Frédéric Chopin
Arr.: Hans-Günter Heumann

1. Satz / 1st movement / 1er mouvement

2. Satz / 2nd movement / 2ème mouvement

Romanze

Larghetto ♩ = 63

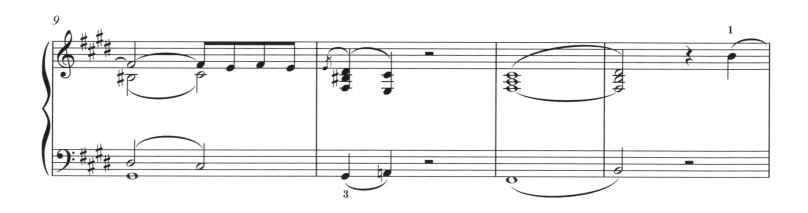

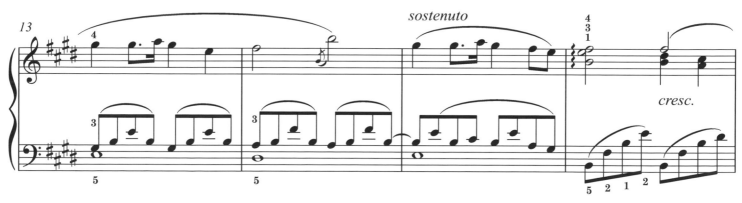

3. Satz / 3rd movement / 3ème mouvement

Rondo
Vivace ♩ = 100

Klavierkonzert Nr. 2 f-Moll
Concerto for Piano and Orchestra No. 2 F minor
Concerto pour Piano N° 2 Fa mineur
op. 21

Frédéric Chopin
Arr.: Hans-Günter Heumann

1. Satz / 1st movement / 1er mouvement

88

2. Satz / 2nd movement / 2ème mouvement

© 2021 Schott Music GmbH & Co. KG, Mainz

3. Satz / 3rd movement / 3ème mouvement

91

Krakowiak

F-Dur / F major / Fa majeur

op. 14

Frédéric Chopin
Arr.: Hans-Günter Heumann

8b_ _ _|

Introduction et Polonaise brillante
für Violoncello und Klavier /
for Violoncello and Piano / pour Violoncelle et Piano
C-Dur / C major / Ut majeur
op. 3

Frédéric Chopin
Arr.: Hans-Günter Heumann

Alla Polacca

Andante spianato et Grande Polonaise
Es-Dur / E♭ major / Mi bémol majeur
op. 22

Frédéric Chopin
Arr.: Hans-Günter Heumann

Polonaise

Allegro molto ♩. = 76

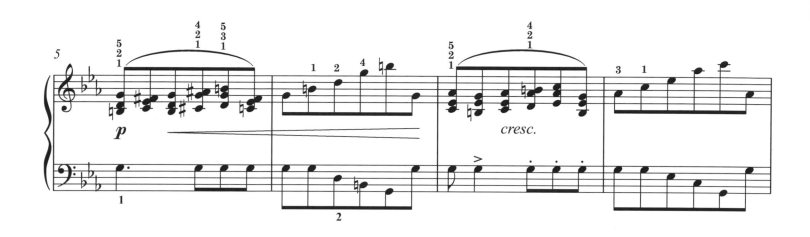

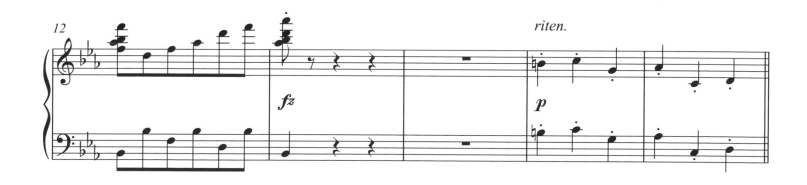

Klaviertrio g-Moll
Piano Trio G minor
Trio pour Piano, Violon et Violoncelle Sol mineur
op. 8

Frédéric Chopin
Arr.: Hans-Günter Heumann

4. Satz / 4th movement / 4ème mouvement

Sonate für Violoncello und Klavier g-Moll
Sonata for Violoncello and Piano G minor
Sonate pour Violoncelle et Piano Sol mineur
op. 65

Frédéric Chopin
Arr.: Hans-Günter Heumann

3. Satz / 3rd movement / 3ème mouvement

Der Wunsch
The Wish / Le souhait
op. 74/1

Frédéric Chopin
Arr.: Hans-Günter Heumann

Allegro ma non troppo ♩ = 138

marcato

aus / from / de: F. Chopin, Polnische Lieder / Polish Songs / Chansons polonaises

Der Frühling
The Spring / Le printemps
op. 74/2

Frédéric Chopin
Arr.: Hans-Günter Heumann

aus / from / de: F. Chopin, Polnische Lieder / Polish Songs / Chansons polonaises

Melancholie
Melancholy / Mélancolie
op. 74/13

Frédéric Chopin
Arr.: Hans-Günter Heumann

aus / from / de: F. Chopin, Polnische Lieder / Polish Songs / Chansons polonaises

Schott Music, Mainz 60 023

Schott Piano Classics

Klavier zweihändig
Piano solo
Piano à deux mains

Isaac Albéniz
Suite Espagnole, op. 47
ED 5068

España, op. 165
Deux danses espagnoles, op. 164
ED 9032

Johann Sebastian Bach
Berühmte Stücke
Famous Pieces · Pièces célèbres
ED 9001

Kleine Präludien
Little Preludes · Petits Préludes
ED 9003

Inventionen und Sinfonien,
BWV 772-801
Inventions and Sinfonias ·
Inventions et Sinfonies
ED 9002

Friedrich Burgmüller
25 leichte Etüden, op. 100
25 Easy Studies · 25 Etudes faciles
ED 173

12 brillante und melodische Etüden,
op. 105
12 Brilliant and Melodious Studies ·
12 Etudes brillantes et mélodiques
ED 174

18 Etüden, op. 109
18 Studies · 18 Etudes
ED 175

Frédéric Chopin
20 Ausgewählte Mazurken
20 Selected Mazurkas ·
20 Mazurkas choisies
ED 9022

Carl Czerny
6 leichte Sonatinen, op. 163
6 Easy Sonatinas · 6 Sonates faciles
ED 9035

160 achttaktige Übungen, op. 821
160 Eight-bar Exercises ·
160 Exercices à huit mesures
ED 8934

Claude Debussy
Berühmte Klavierstücke I
Famous Piano Pieces I · Pièces célèbres
pour piano I
ED 9034

Berühmte Klavierstücke II
Famous Piano Pieces II · Pièces céle-
bres pour piano II
ED 9037

Emotionen
Emotions
35 Originalwerke · 35 Original Pieces ·
35 Œuvres originales
ED 9045

Edvard Grieg
Lyrische Stücke, op. 12, 38, 43
Lyric Pieces · Morceaux lyriques
ED 9011

Peer Gynt
Suiten Nr. 1 und 2, op. 46 und 55
Suites No. 1 + 2
ED 9033

Joseph Haydn
10 leichte Sonaten
10 Easy Sonatas · 10 Sonates faciles
ED 9026

Impressionismus
Impressionism · Impressionisme
21 Klavierstücke rund um Debussy ·
21 Piano Pieces around Debussy ·
21 Morceaux pour piano autour
de Debussy
ED 9042

Scott Joplin
6 Ragtimes
Mit der „Ragtime-Schule" von · with
the 'School of Ragtime' by · avec la
'Méthode du Ragtime' de Scott Joplin
ED 9014

Fritz Kreisler
Alt-Wiener Tanzweisen
Old Viennese Dance Tunes ·
Vieux airs de danse viennois
Liebesfreud – Liebesleid – Schön
Rosmarin
ED 9025

8 leichte Sonatinen
von Clementi bis Beethoven
8 Easy Sonatinas from Clementi
to Beethoven · 8 Sonatines faciles
de Clementi à Beethoven
mit · with · avec CD
ED 9040

Franz Liszt
Albumblätter und kleine
Klavierstücke
Album Leaves and Short Piano Pieces ·
Feuilles d'album et courtes pièces pour
piano
ED 9054

Felix Mendelssohn Bartholdy
Lieder ohne Worte
Songs Without Words ·
Chansons sans paroles
Auswahl für den Klavierunterricht ·
Selection for piano lessons ·
Sélection pour le cours de piano
ED 9012

Leopold Mozart
Notenbuch für Nannerl
Notebook for Nannerl ·
Cahier de musique pour Nannerl
ED 9006

Wolfgang Amadeus Mozart
Der junge Mozart
The Young Mozart · Le jeune Mozart
ED 9008

Eine kleine Nachtmusik
Little Night Music ·
Petite musique de nuit
ED 1630

6 Wiener Sonatinen
6 Viennese Sonatinas ·
6 Sonatines viennoises
ED 9021

Musik aus früher Zeit
Music of Ancient Times ·
Musique du temps ancien
ED 9005

Modest Moussorgsky
Bilder einer Ausstellung
Pictures at an Exhibition ·
Tableaux d'une exposition
ED 525

Nacht und Träume
Night and Dreams · Nuit et songes
36 Originalwerke für Klavier ·
36 Original Piano Pieces · 36 Morceaux
originaux pour piano
ED 9048

Piano Classics
Beliebte Stücke von Bach bis Satie ·
Favourite Pieces from Bach to Satie ·
Pièces celebre de Bach à Satie
mit · with · avec CD
ED 9036

Piano facile
30 leichte Stücke von Bach
bis Gretchaninoff
30 Easy Pieces from Bach to
Gretchaninoff · 30 Pièces faciles
de Bach à Gretchaninov
mit · with · avec CD
ED 9041

Programmmusik
Programme Music ·
Musique à programme
40 Originalwerke · 40 Original Pieces ·
40 Morceaux originaux
ED 9043

Reisebilder
Travel Pictures · Tableaux de voyage
37 Originalstücke · 37 Original Pieces ·
37 Morceaux originaux
ED 9044

Erik Satie
Klavierwerke I
Piano Works I · Œuvres pour piano I
ED 9013

Klavierwerke II
Piano Works II · Œuvres pour piano II
ED 9016

Klavierwerke III
Piano Works III · Œuvres pour piano III
ED 9028

Domenico Scarlatti
Berühmte Klavierstücke
Famous Piano Pieces ·
Compositions célèbres pour piano
ED 9038

Robert Schumann
Album für die Jugend, op. 68
Album for the Young ·
Album pour la jeunesse
ED 9010

Bedrich Smetana
Die Moldau
Vltava · La Moldau
ED 4345

Spielsachen
44 leichte Originalwerke · 44 Easy
Original Pieces · 44 Morceaux
originaux faciles
ED 9055

Georg Philipp Telemann
12 kleine Fantasien
12 Little Fantasias · 12 Petites Fantaisies
ED 2330

Leichte Fugen mit kleinen Stücken,
TWV 30: 21-26
Easy Fugues with little Pieces ·
Fugues légères et petits jeux
ED 9015

Tempo! Tempo!
40 Originalwerke · 40 Original
Pieces · 40 Morceaux originaux
ED 9049

Peter Tschaikowsky
Die Jahreszeiten, op. 37bis
The Seasons · Les Saisons
ED 20094

Nussknacker Suite, op. 71a
Nutcracker Suite ·
Suite Casse-Noisette
ED 2394

Wasser
25 Originalkompositionen · 25
Original Pieces · 25 Morceaux
originaux
ED 22276